LA
REVUE DES IDÉES

ÉTUDES DE CRITIQUE GÉNÉRALE

PARAISSANT LE QUINZE DE CHAQUE MOIS

Tiré à part du nº 27 (15 mars 1906)

Sur les progrès récents de l'aviation

PAR

Paul AMANS

PARIS

Administration de la Revue, 7, rue du Vingt-neuf Juillet

SUR LES PROGRÈS RÉCENTS DE L'AVIATION

—

L'année 1905 sera mémorable dans l'histoire de l'aéronautique par les voyages et manœuvres du Lebaudy, et (ce sera l'objet de cet article) par le vol du plus lourd que l'air. Les frères Wright auraient réussi à se tenir une demi-heure en l'air, planant et décrivant des orbes, tel un vautour de 400 kg. Ce vol est-il bien authentique?

Il y a en ce moment à New-York une exposition d'aéronautique, organisée par un aéro-club de nouvelle formation. Cette exposition est naturellement « the most complete ever held in the world ». On y voit tous les modèles d'aéroplanes et de cerfs-volants, les moteurs à gazoline les plus légers, tous les projets d'aviation brevetés à Washington, d'innombrables photographies; deux fois par jour vues cinématographiques de courses en auto, ascensions en ballon... et ascensions d'aéroplanes remorqués par auto-canot. C'est très intéressant, mais il manque justement l'appareil volant des frères Wright; on n'y voit pas non plus l'équilibreur avec lequel M. Herring prétend avoir obtenu une stabilité complète. Il n'y a pas même une photographie représentant leurs appareils en plein vol, si bien que les plus enthousiastes aviateurs sont obligés de réserver leur admiration. A celle-ci les Américains préfèrent une Société qui paie; ils gardent leurs secrets, si secrets il y a, et n'exposent que ce qui est du domaine public.

L'exposition de New-York est certainement plus complète que celle de Paris en 1905 dans la Galerie des machines, et surtout que celle de Vienne en 1888 (1). De grands progrès ont été réalisés depuis cette époque ; le plus grand de tous est la légèreté des moteurs, sans laquelle les surfaces les mieux conformées ne peuvent quitter le sol. On peut affirmer que le vol est possible, dans l'état actuel de nos connaissances et de nos progrès ; le lecteur sera de notre avis, s'il veut bien en suivre le résumé aussi condensé que possible. Ce résumé comprendra deux parts : notions de mécanique animale, d'aérodynamique, et applications au vol artificiel.

*
* *

On a divisé les machines volantes en trois groupes : orthoptères ou à ailes battantes — aéroplanes (surfaces glissant sur l'air sans battements) — hélicoptères. Cette division est mauvaise. Ceux qui ont proposé le mot d'orthoptères n'ont pas réfléchi qu'il avait déjà son emploi pour désigner tout un ordre d'Insectes, ayant un vol spécial. Avec les aéroplanes, on veut imiter les

---

(1) Rapport sur l'exposition aéronautique de Vienne, par le Dr Amans, délégué de la Soc. de navig. aérienne, *Aéronaute*, 1888.

Oiseaux, lorsqu'ils naviguent avec les ailes presque immobiles ; le vent donne une composante verticale qui équilibre le poids du véhicule, et une composante horizontale que l'on domine par des hélices à axe horizontal ; on s'est du moins toujours servi d'hélices dans ce but, et alors pourquoi faire des hélicoptères un groupe à part ? On peut concevoir un aéroplane sans hélices, mais non un hélicoptère sans surfaces de glissement et de sustentation. Le terme lui-même d'aéroplane est acceptable à la rigueur, si on le dérive du verbe planer ; en tout cas, il faut éliminer la notion géométrique de plan ; il faut savoir que la Nature a horreur du plan, et de la ligne droite, et qu'un bon aéroplane n'est pas plan, mais courbe.

C'est pour éviter toute confusion qu'en 1888 j'avais proposé le mot aérocave, et que plus tard M. Chanute disait aérocourbe, en relatant ses premières expériences. On pourrait emprunter aux fauconniers la division des Oiseaux de proie en ramiers et voiliers ; malheureusement encore, ramier vient de rame et l'aile ne se comporte pas comme une rame.

Je me contenterai donc des termes de machines à ailes battantes et d'hélicoptères, l'aile et l'hélice étant les propulseurs caractéristiques de telles machines.

MACHINES A AILES BATTANTES

Voler en battant des ailes est le rêve le plus vieux de l'homme, le plus souvent tenté, et le moins prêt d'être réalisé. Même avec les moteurs perfectionnés d'aujourd'hui le succès n'est possible que si on veut bien suivre les indications de la nature. Il ne s'agit pas de copier servilement tous les détails de la machine animale, mais ceux qui sont vraiment indispensables, que l'on retrouve chez tous les types, depuis les lourds Coléoptères jusqu'aux Mouches. Voyons quel est le minimum de conditions requises pour le vol.

1. — L'aile est une sorte de triangle *bi-plan*, à petit versant antérieur (1) ; les deux plans forment entre eux un angle, surtout accusé à la base, ouvert vers le bas, c'est-à-dire que la face inférieure est concave (fig. 1, 2 et 3).

En réalité l'aile est un solide dont l'épaisseur est maximum le long de l'arête du dièdre, et va en diminuant d'avant en arrière, et du proximum (base d'implantation) au distum (extrémité opposée).

2. — Le bord antérieur AD et l'arête médiane OD sont des *lignes ondulées* non planes.

---

(1) Le Pr Marey, pour justifier sa conception d'une aile monoplane, m'opposait l'aile de papillon où ce versant antérieur paraît insignifiant ; mais il y est tout de même, que l'on considère une aile unique ou l'ensemble des deux ailes. A l'autre bout de la série, chez les Oiseaux, ce schéma se retrouve dans l'aile tout entière, dans la partie digitale, dans le groupe formé par une rémige et ses deux acolytes basilaires, enfin dans chaque plume prise isolément. Cette unité de plan est aussi nette que dans la formation d'un cristal par éléments isomorphes.

3. — Le *dièdre* AOB augmente jusqu'à une certaine distance (vers le 1/3 interne en général), où il passe par un second minimum ; puis il augmente, et tend vers 180° au distum.

4. — Le versant postérieur est tordu, et la *torsion est positive*, c'est-à-dire

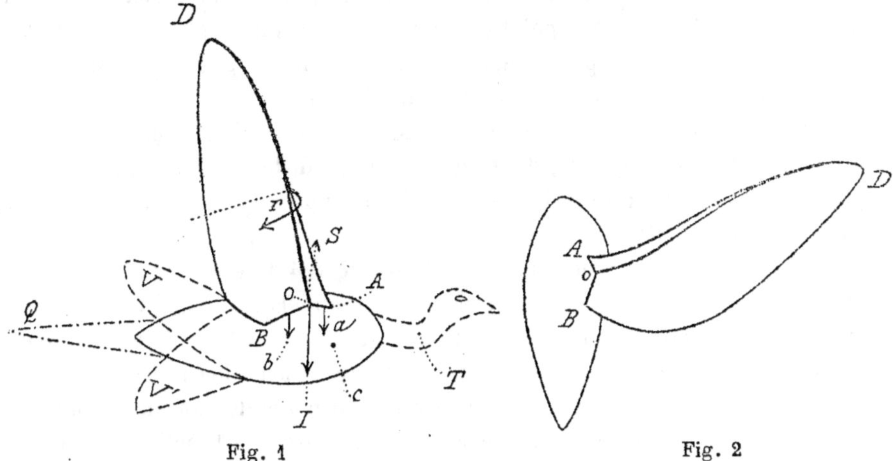

Fig. 1   Fig. 2

que si le creux basilaire regarde en bas, la face inférieure du distum regarde en avant (fig. 3).

5. — L'aile est *élastique*. La concavité, et la torsion sont fonctions de cette élasticité, de la résistance aérienne, et du jeu des muscles.

6. — On peut schématiser l'animal par un *ovoïde dissymétrique de haut en bas*, symétrique de droite à gauche, se dirigeant le gros bout en avant. Le principe du gros bout avant s'applique à toutes les sections de profil de l'aile, ainsi qu'il a été dit plus haut, § 1.

7. — Dans la moitié supérieure, au niveau du maître-couple, plaçons une articulation telle *que, dans l'abaissement, l'aile batte d'arrière en avant* (la fig. 1 représente l'aile de profil dans la position de départ, la fig. 2

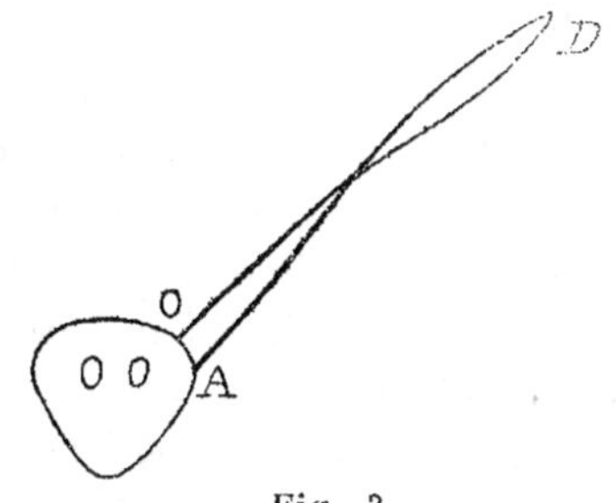

Fig. 3

dans la position d'abaissement), et puisse en même temps subir une rotation longitudinale autour de son arête OD, de manière à présenter le distum davantage vers l'arrière (rotation représentée par la flèche *r*, fig. 1).

Ce mouvement peut être obtenu en abaissant le côté OA.

8. — Les muscles les plus développés sont les *muscles abaisseurs* (I) ; je les représente agissant sur l'arête OD, ainsi que leurs antagonistes les *muscles élévateurs* S. Il y a en outre deux autres groupes de muscles, les uns agissant

sur le versant antérieur (*a*), les autres sur le versant postérieur (1). Les combinaisons variables de ces muscles produisent, outre une vibration complète de l'aile, des variations de torsion, de concavité, et des changements d'inclinaison sur la trajectoire de l'ovoïde.

Cette conception du battement est moins simpliste que celle, encore en faveur, qui fait de l'aile une palette roulant de haut en bas autour d'un axe cylindrique. Il ne faudra pas perdre de vue le schéma exposé fig. 1, si on veut avoir une idée plus exacte des mouvements de l'aile.

9. — Le *centre de gravité* (*c*. fig. 1) est situé dans la moitié inférieure de l'ovoïde, et subit naturellement, dans le battement, de légères oscillations dans le plan de battement, celui qui passe par les grands axes de l'ellipse décrite par l'extrémité de l'aile.

10. — La *largeur* de l'aile est au maximum le 1/4 de l'envergure.

11. — *Surface et poids.* — Le rapport de la superficie (exprimée en mètre carré) de la projection horizontale maxima de l'animal (ovoïde et ailes compris) au poids de l'animal (exprimé en kg.) est très variable (de 10 à 50 0/0).

En général ce rapport est en raison inverse du poids de l'animal; mais il y a de nombreuses exceptions. Car ce rapport est en outre fonction de la consistance et de la forme des ailes, du nombre de battements.

Ce rapport est le même (15 0/0 environ) chez un Pélican de 7 kg., chez l'*Ornithostoma ingens* du poids probable de 14 kg., et dans un aérocave Chanute de 80 kg. Il n'est que de 13 0/0 chez l'Oricou, et dans l'aérocave Wright.

12. — L'anatomie de l'aile est telle qu'en s'abaissant elle augmente de volume, et qu'elle diminue en se relevant.

13. — La durée de l'abaissement est un peu plus longue que celle du relèvement (les 6/11, par exemple, chez la Mouche).

14. — Le nombre de battements à la seconde varie en plein vol de 2 à 3 (Buse) à 500 (Mouche).

15. — L'amplitude du battement varie de 30° à 90°; le maximum correspond à l'essor.

16. — L'ovoïde est rigide chez certains insectes (Dytique), mais en général l'arrière est mobile (abdomen des insectes *v v'* fig. 1, queue (Q) des Oiseaux). De plus chez les Oiseaux la tête et le cou (T fig. 1) forment un appendice mobile en tous sens, capable d'allonger ou raccourcir la projection horizontale de l'ovoïde.

Tous ces mouvements modifient le centre de poussée de l'air, et la position du centre de gravité.

---

(1) La fig. 1 donne une idée schématique de cette division. Pour les détails il faudrait consulter : Comparaisons des organes du vol. *Annales de Zoologie*, 1885 ; — Essai sur le vol des insectes, *Rev. des Sc. Natur.*, Montpellier, 1883; — Sur la forme des ailes rigides, voir : Géométrie comparée des ailes rigides, *Congrès Avancement des Sciences*, 1901.

Ces mouvements sont très utiles. Bien que la nature nous montre des ovoï-
des rigides volant sans tête ni queue, et assurant la stabilité par le jeu des
ailes, il sera plus prudent d'*appliquer le principe du dièdre au corps lui-même*,
de le diviser au moins en deux parties, mobiles l'une sur l'autre, l'antérieure
plus petite jouant le rôle de gouvernail. La stabilité longitudinale sera assurée
par les ondulations de profil de l'animal tout entier (ovoïde et ailes).

17. — Lorsqu'il y a *deux paires d'ailes*, on peut schématiser leurs insertions
par l'épure ci-dessous.

A O B représente la projection de profil de l'insertion
basilaire de l'aile antérieure, A' O' B' la projection
horizontale, *aob*, *a'o'b'* re-
présentent les projections
homologues de l'aile postérieure ; la ligne de terre *xy*
est parallèle au grand axe
de l'ovoïde.

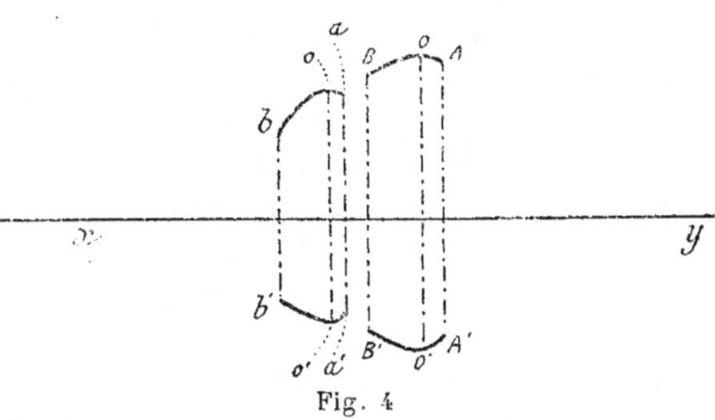

Fig. 4

Cette épure (1) nous montre que : 1º Le versant antérieur est plus développé
dans l'aile antérieure que dans la postérieure ; 2º la corde *ab* n'est nullement
dans la prolongation de AB ; les deux cordes forment un angle entre elles, ce
que j'avais exprimé en 1883 sous cette forme :« Le dièdre existe dans une aile
isolée et dans l'ensemble de deux ailes. » Cette loi est sans exceptions ; 3º l'aile
postérieure est en général plus rapprochée du milieu du corps. Il y a quelques
exceptions chez les Pseudo-Névroptères, et les Coléoptères.

Tous les caractères ci-dessus énumérés sont communs à tous les animaux
volants, que la surface soit formée de nervures et de membranes chitineuses
(Insectes), d'un squelette osseux et de plumes (Oiseaux), de baguettes osseuses
et de membranes élastiques (Cheiroptères, probablement Ptérodactyles). Chez
les plus anciens types (Libellules), ces caractères prennent même la forme
schématique : les sections de profil figurent une ligne droite brisée ; il semble
que la nature, à la façon des artistes, s'est exercée à faire un croquis, avant
de transformer la ligne brisée en ligne courbe.

C'est encore un croquis que le bord antérieur de la nageoire pectorale de
l'Exocœte : une série de nervures accolées de longueur croissante, de manière
que le lieu de leurs extrémités se trouve sur une courbe. Ici la nature indi-
que la courbe par une série de points, tandis que, dans une phase ultérieure
de progrès, elle nous donnera une nervure comme passée au gabarit, avec une
courbe continue.

(1) Elle paraît totalement inconnue des constructeurs de biplanes.

L'étude de tous ces procédés est d'un secours inestimable pour le penseur; elle est souvent lettre morte pour le constructeur-aéronaute.

A ces notions générales de mécanique animale, il faut joindre les faits suivants sur la résistance aérienne.

18. — La ligne ondulée est le plus court chemin d'un point à un **autre**, celle qui réclame le moins de travail propulsif.

19. — Un solide quelconque qui se meut dans un fluide se dirige du côté de la moindre résistance.

Une surface courbe qui se meut dans un fluide éprouve une plus grande résistance sur sa face concave que sur sa face convexe.

Nous avons vu que tous les animaux aériens se dirigent gros bout en avant; c'est qu'apparemment il y a moins de résistance, et l'expérience le démontre. Un ovoïde de révolution peut n'éprouver que le 1/6 de la résistance de la section maîtresse, tandis qu'il en aurait le 1/4 s'il se dirigeait le gros bout arrière : c'est le gros bout de l'œuf qui apparaît le premier dans le cloaque des poules.

L'ovoïde aérien n'est pas de révolution; ses sections frontales ne sont pas circulaires, mais ovales en général, à gros bout en haut. Un tel ovoïde poussé parallèlement à son grand axe devra, abstraction faite de la pesanteur, marcher plus vite du côté dorsal que du côté ventral. Il tendra donc à décrire une courbe à concavité ventrale.

En combinant ce mouvement avec celui de la pesanteur, et celui des ailes, on obtient un mouvement sinusoïdal.

L'aile ayant le gros bout avant, et la face inférieure plus résistante que la supérieure, décrira dans l'abaissement une courbe à concavité tournée en bas et en arrière.

Les changements de direction dans le plan vertical et dans le plan horizontal s'expliquent aussi simplement par le principe 19. La trajectoire devient courbe, la concavité tournée du côté de la plus grande résistance.

20. —Une palette élastique de forme animale à torsion positive donne plus de propulsion qu'une palette plane, et qu'une palette hélicoïdale (1).

21. — Le centre de poussée d'une surface inclinée est plus rapproché de l'avant que de l'arrière.

Lorsqu'une planche très mince de forme carrée ou rectangulaire reçoit un courant d'air normal à l'un de ses côtés et faisant un angle α avec le plan, la résistance aérienne peut se représenter par une force R normale à la surface (2), ayant son point d'application plus près de l'avant que de l'arrière.

---

(1) Communication au Congrès aéron. internat. Paris, 1889. Voir *Aéronaute.*— Perfectionnement des hélices aériennes. *Congrès Avancement des Sciences*, Marseille, 1891.

(2) Cette résistance a pour valeur $R = \dfrac{KSv^2\, 2\sin\alpha}{1 + \sin^2\alpha}$. S surface en m², v vitesse de translation. La valeur de K pour des surfaces planes varie de 80 à 100 grammes suivant la

On peut expliquer cet avancement du centre de poussée par l'observation d'une flamme placée à des distances variables du plan (fig. 4). En avant du plan, la flamme est bien dirigée parallèlement au courant ; mais sous le plan,

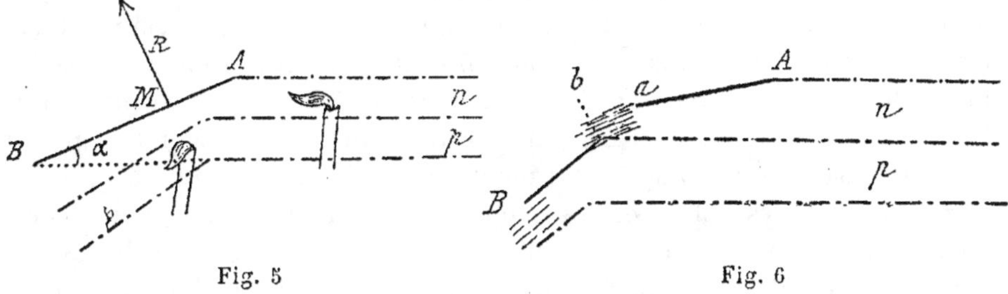

Fig. 5   Fig. 6

elle s'incline plus ou moins parallèlement au plan. On peut par la pensée décomposer la rivière d'air en couches parallèles *np ;* c'est la couche supérieure *n* qui donne le choc principal ; elle s'échappe en léchant la surface, et empêche la couche *p* de prendre contact avec le plan, et de lui transmettre toute sa force vive.

Il n'est donc pas avantageux d'avoir une grande étendue AB en ligne droite ; il vaut mieux diviser AB en deux parties (A*a* *b*B, fig. 6) formant entre elles un angle (1). Cette observation cadre bien avec l'épure de la fig. 4.

22.— Une surface courbe, dans les mêmes conditions, donne aussi une résultante normale et rapprochée de l'avant ;

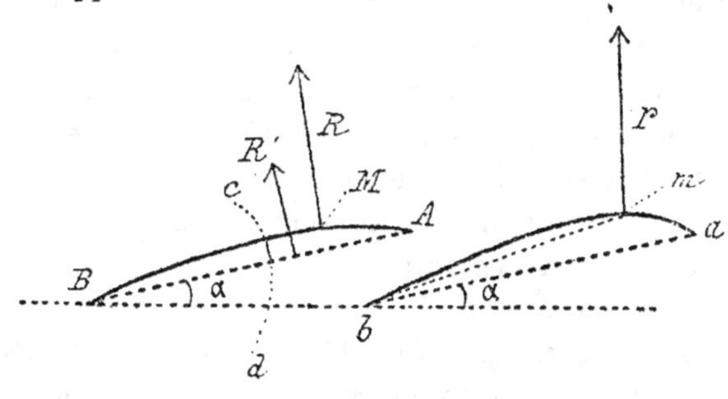

Fig. 7.

mais, 1° par cela même qu'elle est courbe, cette normale R est plus rapprochée de la verticale (je suppose le courant d'air horizontal) que la normale R' au plan sustenseur AB ; 2° elle est plus grande que celle-ci (R > R') (2).

<hr>

longueur du périmètre, suivant que les grands côtés sont perpendiculaires ou parallèles à la direction du mouvement, etc. Voir à ce sujet les travaux récents de Langley, Le Dantec, Canovetti.

(1) Dans le yachting, on a employé avec succès de grandes voiles divisées en lanières, espacées et faisant l'une avec l'autre des angles successifs.

(2) On trouvera valeurs et directions de ces résultantes dans : *Der Vogelflug*, Berlin, 1889.

*

23. — Une surface courbe ovoïdale (courbe circonscrite à mon dièdre type *amb*, fig. 7) donne une résultante encore plus rapprochée de l'avant et de la verticale.

C'est bien pour cela que chez les animaux le maximum d'épaisseur est près du bord antérieur sur l'arête du dièdre, et que, dans certains cas, la résultante r est directement égale et de sens contraire à la pesanteur (planement), parfois même donne une résultante propulsive, si bien que le voilier s'avance contre le vent sans rien dépenser. « L'Oiseau, dit Léonard, se soutient en l'air par un insensible balancement auprès des monts et autres écueils des mers ; il fait cela moyennant les inflexions des vents qui frappent ces saillies, et qui, continuant à conserver leur impulsion, infléchissent leur course vers le ciel, et ainsi, avec un tel balancement, l'oiseau va consumer les moindres principes de quelque variation de puissance qui se puisse engendrer. »

24. — On n'a jamais étudié la résistance de l'air sur un solide ayant la forme d'une aile glissant sur l'air soit d'un mouvement de translation, soit d'un mouvement sinusoïdal. On trouverait des chiffres différant de ceux de Lilienthal, et plus instructifs pour l'aviation. On ne connaît pas non plus la résistance sur des ailes battant dans les conditions minima exposées.

Un des problèmes le plus souvent abordés est celui du travail d'un battement, connaissant le poids de l'animal et la superficie des ailes. On supposait l'aile plane, roulant en charnière simple ; on appliquait à cette aile fausse une formule inexacte, comme celle de Newton, par exemple, qui, pour les petits angles donne une résistance vingt fois inférieure à la réalité ; avec une intégration sur ces données, on arrivait à un résultat quelquefois absurde. Il est complètement inexact de dire que la théorie mathématique du vol est connue ; mais à défaut d'équations justes, nous avons des formules d'approximation, et si nous n'avons pas de courbes exactement calculées pour un cas particulier, nous avons comme modèles un type de courbes, en dehors desquelles il serait imprudent de s'aventurer. Les notions énumérées plus haut nous serviront à juger le vol instrumental.

Les premiers oiseaux artificiels ont été, je crois, construits par mon ami Jobert ; il en a fait d'autres en collaboration avec Penaud et le Dr Hureau de Villeneuve. Le caoutchouc tordu étant trente fois plus léger qu'un ressort d'acier de même puissance, ces appareils pouvaient se débattre un moment dans l'air.

En 1889, l'oiseau Pichancourt (1) réalise un progrès : le battement se compose à la fois d'un mouvement de haut en bas, mais d'une ondulation basi—

Les surfaces étudiées par Lilienthal dans ce travail sont plutôt des calottes allongées uni-courbes, que des palettes animales ; les meilleures calottes étaient celles qui avaient 1/12 de creux (c'est-à-dire $\dfrac{c\,d}{AB}=\dfrac{1}{12}$, fig. 7).

(1) Pichancourt était ou est un tailleur de pierres ; il a produit cette ondulation unique—

laire. Ce n'est pas précisément un battement de Papillon, mais il y a tout de même une ondulation bienfaisante dans le plan de profil.

Il est peu probable qu'on ait appliqué ce principe dans les expériences de Cambridge (1). Ces expériences sont intéressantes par la mesure du travail absorbé par une paire d'ailes naturelles desséchées (2).

Surface.................	0 m². 1887.
Nombre de battements....	350 à 400 à la minute.
Vitesse de translation....	2 m. 23 à la seconde.
Soulèvement...........	2 kg. 26.
Travail dépensé.........	1/10 H P.

Un véritable Oiseau du poids de 2 kg. 26 dépenserait peut-être dix fois moins ; mais les moteurs sont maintenant si légers ! Encouragés par ce rendement, MM. Hutchinson et Cie ont fait construire un oiseau énorme de 3 m². 77 de surface alaire, 6 m. 09 d'envergure, et un moteur de 3 à 3 1/2 HP ; l'appareil était suspendu dans une cage et des ressorts mesuraient les efforts : on a trouvé 90 kg. pour la résistance totale, c'est-à-dire près de 30 kg. par cheval. Sur ces 90 kg., 36 représentaient la composante propulsive.

Ces expériences font bien espérer de l'avenir de l'aviation par battements d'ailes. L'aile battante est un organe de vol bien supérieur à l'hélice ; elle propulse et soutient, tandis que l'hélice ne fait que pousser dans le sens de son axe. Celle-ci a pour elle la simplicité de son roulement ; les battements alternatifs demandent un mécanisme plus délicat, plus complexe ; ce n'est pas un motif suffisant pour abandonner un système supérieur à d'autres égards, et donnant plus de stabilité (3).

HÉLICOPTÈRES. — AÉROPLANES.

Ces appareils ont pour but d'imiter le vol à voile, c'est-à-dire le vol avec les ailes étendues, sans battements. Dans le planement (vol en apparence sur place) et dans le vol à voile (vol avec translation) les ailes ne sont pas complètement immobiles ; il y a l'insensible «balancement » dont parle Léonard ; à défaut de grands battements dans le plan frontal, il reste l'ondulation dans le plan de profil, pour présenter à l'air l'inclinaison la plus favorable.

---

ment, je crois, pour soulager ses charnières, sans y attacher aucune importance aérodynamique. Il m'a paru du moins très étonné quand je la lui ai signalée.

(1) Voir Knowledge Sc. News, juin 1905.

(2) En 1891, j'ai donné la courbe de propulsion d'ailes naturelles desséchées d'alouette, tournant d'une façon continue, à des angles variables.

(3) M. Roux a publié, dans l'*Aéronaute* de 1905, des expériences peu concluantes sur un grand appareil à ailes battantes. Sa conception du battement, pas plus que celle de l'anglais Frost, n'est conforme à la Nature.

Les premiers hélicoptères expérimentés (aéroplane de Penaud avec caoutchouc tordu, aéroplane de Tatin avec petit moteur à vapeur, aéro-véloce de Kress, etc.) ne sauraient prétendre à l'imitation du vol à voile; ils ressemblaient plutôt à un cerf-volant plan, dans lequel on aurait remplacé la traction de la corde par une hélice propulsive.

Les expériences de Lilienthal ont fait époque dans l'histoire des surfaces de sustentation. Il a dressé des tables donnant la résistance aérienne en grandeur et en direction, non plus sur des surfaces planes mais sur des surfaces courbes (§ 22) en fonction de l'angle d'inclinaison du plan sustenseur (AB, fig. 7) de ces surfaces et de leur degré de courbure. Il est regrettable que Lilienthal n'ait pas expérimenté avec des surfaces vraiment animales comme concavité, élasticité et torsion. Quoi qu'il en soit, ces surfaces courbes montraient une telle supériorité sur les planes qu'il n'hésita pas à construire un aérocave en rapport avec son poids, et à s'élancer du haut d'un monticule de 40 m. de hauteur, face au vent. L'appareil était muni d'une longue queue pour rester dans l'axe du vent.

Le plus difficile était de maintenir un angle convenable d'inclinaison; l'angle idéal est un angle de 3° (1), mais il aurait fallu la sensibilité d'un Oiseau pour le réaliser. Pour éviter de culbuter, de faire panache ou de verser, il fallait donner des coups de rein, projeter les jambes dans tous les sens. Une fois bien expert dans ces manœuvres, on allait doucement atterrir à quelques centaines de mètres du point de départ.

La mort tragique de Lilienthal en 1896, celle de Pilcher en 1899 ont singulièrement refroidi les aéronautes pour ce genre d'appareil. M. Chanute, après l'avoir essayé, l'a jugé trop dangereux; le centre de gravité y est trop près du centre de poussée de l'air. Pour éloigner ces deux centres, les Oiseaux n'ont qu'à tenir les ailes plus ou moins relevées, et chacun peut observer cette manœuvre chez les Oiseaux. Comment faire avec des ailes immobiles d'aéroplane ?

M. Chanute a repris l'idée de Stringfellow, mais avec des surfaces courbes. Son appareil se compose de deux surfaces superposées, au-dessous desquelles l'aéronaute peut se suspendre; on obtient ainsi pour une même projection horizontale une résistance double, et surtout l'éloignement du centre de poussée et du centre de gravité. On n'a jamais eu d'accident avec le nouveau sport ainsi modifié. On maintient l'équilibre par de légers déplacements des jambes.... et aussi en dernier lieu par l'équilibreur de Herring, sur lequel nous

---

(1) Celui qui pour un poids donné donne le minimum de travail propulsif. Pour des surfaces planes, l'angle optimum est voisin de 2° (Dzewiecki-Langley). Avec des angles plus grands on va moins vite et il faut pousser plus fort ; en d'autres termes, quand on dit que le travail de propulsion diminue avec la vitesse de translation, il ne faut pas oublier l'angle.

n'avons aucune donnée. Peut-être agit-il sur le centre de poussée, en laissant le centre de gravité aussi fixe que possible.

Toutes ces expériences avaient pour but de tâter le terrain, d'étudier et perfectionner les surfaces de sustentation. Lorsqu'on a eu des moteurs assez légers, on les a montés au-dessous de ces surfaces, avec des hélices de propulsion. La grande difficulté était le lancement, l'angle convenable d'inclinaison. Il faudrait un chapitre spécial pour décrire les nombreux systèmes employés pour opérer le lancement.

Pendant que Lilienthal descendait sa butte, on n'était pas inactif en France, et M. Ader construisait des Avions, d'abord seul, puis pour le compte du ministère de la Guerre; ses surfaces de soutien avaient l'apparence d'énormes ailes de voilier, tandis que celles de Lilienthal avaient des baguettes rayonnantes à la façon des doigts de Chauve-souris. M. Ader avait construit un moteur à vapeur, excessivement léger; on a malheureusement interrompu les expériences, à la suite d'un accident, alors qu'on pouvait espérer le succès par des perfectionnements successifs.

En 1895, MM. Richet et Tatin ont réussi à faire franchir une distance de 178 m. à un aéroplane de 37 kg.

L'année suivante M. Langley a fait voler pendant une minute et trente secondes son aérodrome du poids de 13 k. 59, couvrant une distance de 800 m.

L'aérodrome de Langley est formé de 2 paires d'ailes, non superposées, mais l'une derrière l'autre, l'antérieure plus longue que la postérieure, un peu comme les ailes d'une Libellule, pas tout à fait cependant; leur contour est rectangulaire, et leur ligne d'insertion en ligne droite, contrairement aux §§ 1 et 11, mais, conformément à l'attitude des voiliers, chaque aile forme avec sa symétrique un angle ouvert en haut, ce qui relève le centre de poussée, et diminue le roulis.

Il n'est pas aussi facile de régler automatiquement le tangage; les brusques variations de direction et d'intensité des courants réclament une variété de manœuvres très difficiles, puisqu'on n'a pas la mémoire musculaire de l'animal. Il faut dans ce cas appliquer le système 16, que j'avais depuis longtemps proposé. En 1886, Maillot avait lancé un cerf-volant octogonal de 72 m², portant un poids de 70 kg.; il était muni de cordages supplémentaires au moyen desquels on essayait de régler l'angle d'inclinaison (1). A cette occasion, je conseillai d'imiter la Raie, une sorte d'aéroplane aquatique, c'est-à-dire une grande surface de sustentation munie en avant d'une petite palette, roulant en charnière horizontale sur la grande surface. C'est bien là l'ondulation de profil des §§ 8 et 16. Mes indications n'ont pas été suivies, mais c'est bien le

(1) Le major anglais Baden-Powel a repris plus tard ces expériences avec des cordes multiples. Ces travaux, ceux de Hargrave, de Bell, sont très instructifs pour le pouvoir de sustentation et l'équilibre des cerfs-volants.

système de la Raie que nous retrouvons vingt ans plus tard dans l'appareil des frères Wright.

Cet appareil est un dérivé du Chanute. C'est un aérocave muni à l'avant d'un petit volet mobile (G, fig. 8) dont le plan forme avec celui des 2 surfaces postérieures un angle variable au gré de l'opérateur. J'ai figuré une queue Q (1), qui plus tard, paraît-il, aurait été supprimée comme encombrante. L'aéronaute est couché sur le ventre, et le gouvernail en main tâche de maintenir constante l'inclinaison sur le vent. Tout cela est vraisemblable, bien que dénotant une grande habileté. On assure en outre qu'avec le dernier appareil, l'aéronaute a pu planer un moment, d'écrire un circuit complet, et des orbes ascendantes.

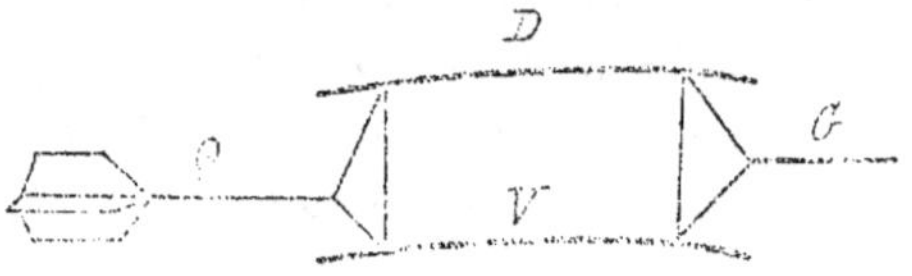

Fig. 8.

Ces affirmations ont eu un énorme retentissement ; de tous côtés on construit des aéroplanes ou des aérocaves, tous munis du gouvernail céphalique. Les aérocaves Archdeacon, Ferber sont du type Wright ; le capitaine Ferber préfère rester assis que couché ; il a rétabli la queue supprimée par les Wrigth. L'aérocave Paulhan-Peyret est du type Langley.

Le Ludlow est une sorte de cerf-volant cellulaire ; le Montgomerry une Libellule à ailes concaves, paraboliques, à concavité tournée en bas, le Baden-Powel à concavité tournée en haut (2) ; le Gillespie est un aéroplane muni de 7 hélices et de deux gouvernails céphaliques.

Je pourrais citer un grand nombre d'autres types, mais aucun ne s'est encore signalé par des prouesses analogues à celles d'Amérique.

Le poids des moteurs a subi une telle réduction qu'il est difficile d'espérer mieux. Cette réduction a commencé dans les machines à vapeur ; dans l'aéroplane Maxim, dans l'Avion Ader, le poids était au-dessous de 2 kg. par cheval. Dans l'aérodrome Langley la machine seule d'1 H P 1/4 avec piston, cylindre et arbre pesait 806 gr. avec foyer, chaudière et accessoires 3 k. 17. Dans son deuxième aérodrome (celui-ci monté) qui en 1903 a pris quelques courtes envolées, le poids total était 26 kg., dont 4 k. 5 pour un moteur à gazoline de 10 HP. Ce même poids de 4 k. 5 est obtenu par les frères Dufaux pour un moteur de 3 HP.

Des moteurs de 500 gr. par cheval doivent être des modèles d'horlogerie, des pièces très délicates, très chères d'exécution ; mais pour des puissances

(1) La queue formée de deux plans perpendiculaires entre eux est décrite dans l'appareil à 4 ailes battantes de Léonard de Vinci. (Sur la physiologie du vol de Léonard de Vinci par Amans, *Revue scientifique*, 1892.)

(2) En réalité, une section de profil passant par les extrémités de l'aile et le ventre d'un voilier donne une ligne à triple courbure, la partie centrale concave en haut, les parties distales concaves en bas.

plus grandes de 10 à 20 HP, on peut aujourd'hui avoir des moteurs d'un prix plus abordable que ces bijoux, avec des poids au-dessous de 5 kg. par cheval.

Puisque dans la célèbre expérience de Kitty Hawk, une machine Wright de 388 kg. de poids, 47 m² de surface, a pu remonter un vent de 10 m. avec une vitesse propre de 4 m., une inclinaison voisine de 6° et un moteur de 12 kg., la question de sustentation est largement résolue (1).

L'organe de propulsion de toutes ces machines est l'hélice. C'est un organe qui a besoin d'être encore perfectionné; les meilleures hélices donnent un effort de tirage de 10 à 13 kg. par cheval; j'ai depuis longtemps prouvé qu'on pouvait obtenir beaucoup plus. Dans une note récente à l'Académie des Sciences, en 1903, le colonel Renard prévoyait un rendement supérieur en modifiant la forme, en se servant par exemple des profils courbes; cette modification fait justement partie de celles que je préconisais en 1889, lorsque j'attaquais les hélices du ballon *la France*. En fouillant dans les archives de l'Association française par l'avancement des Sciences, en 91, on trouverait des tables de propulsion très instructives à cet égard.

Du reste, même avec des hélices médiocres, le poids des moteurs a été si réduit que la puissance de ces hélices est suffisante pour donner le travail propulsif exigé. La navigation aérienne par l'hélicoptère serait donc bien près d'être un fait acquis, si en outre du pouvoir de propulsion et de sustentation, on a un organe pratique de stabilité longitudinale.

Il est difficile à un seul homme de porter un jugement sur toutes les parties d'un appareil nouveau, sur la nature, le degré d'élasticité des matières employées, la forme, la liaison des tiges de charpente, le moteur, l'hélice, etc. Mais avant que l'ingénieur ait pris possession complète de l'aviation, il est bon de se rapporter aux principes de la machine animale; on y trouvera un puissant critérium pour se reconnaître dans la multiplicité des projets, et un guide impeccable si on veut soi-même pratiquer ce nouveau sport.

(1) Ce pouvoir est bien moindre que celui calculé d'après les tables de Lilienthal, mais supérieur à celui que donnerait la formule de Duchemin pour des surfaces planes.

LA REVUE DES IDÉES

ÉTUDES DE CRITIQUE GÉNÉRLE

Paraissant le quinze de chaque mois en livraisons in-8° raisin

DIRECTEUR :
ÉDOUARD DUJARDIN

RÉDACTEUR EN CHEF :
REMY DE GOURMONT

SECRÉTAIRES DE LA RÉDACTION :
GEORGES BOHN & LUCIEN CORPECHOT

Prix du numéro : FRANCE, 1 fr. 50; UNION POSTALE, 1 fr. 75.

Prix des abonnements :
FRANCE, un an, 16 fr. ; six mois, 8 fr. 50. — UNION POSTALE, un an, 18 fr. ; six mois, 9 fr. 50.

Administration : 7, rue du Vingt-neuf Juillet, à Paris.

La Revue des Idées *a été fondée le 15 janvier 1904.*

Nous disions, à cette époque, que notre ambition était de jeter en quelque sorte un pont, par-dessus les agitations et les intérêts, entre les différentes branches de la connaissance scientifique, de créer, pour tous ceux qui peuvent se rendre capables d'attention soutenue, un instrument de culture générale.

« Sans doute, ajoutions-nous, cent entreprises de vulgarisation luttent à qui mettra les « notions de la science le plus commodément à la portée de la foule ; notre souci sera diffé- « rent ; les synthèses que nous tenterons seront destinées non à rétrécir, mais à agrandir « les questions, soit en y faisant entrer la lumière philosophique, soit en reliant les unes « aux autres, pour n'en faire qu'un seul continent, ces îles de l'archipel scientifique qui « n'ont encore que de rares communications entre elles. »

Et, tout en faisant la part la plus large aux sciences, la Revue des Idées *se défendait de vouloir être une revue purement scientifique qui eût fait double emploi avec des périodiques déjà existants, lisibles seulement pour les spécialistes ; elle voulait être une revue critique accessible à tous ceux qu'on appelait autrefois les « honnêtes gens ».*

Nous ne possédions, en effet, en France, aucun organe général capable de retenir et d'intéresser les hommes de haute culture. Dans une époque où tous les esprits tendent vers une synthèse, il n'existait aucune revue synthétique embrassant les différents domaines de l'intelligence, réunissant les notions éparses et les spécialités diverses.

Le succès de la Revue des Idées, *affirmé d'une façon éclatante dès son premier numéro et confirmé depuis avec constance, établit suffisamment que cette publication répondait à un besoin et qu'elle est venue combler une lacune.*

Il suffit de se reporter à la liste des principaux articles publiés par la Revue *pendant les années 1904 et 1905, pour apprécier l'intérêt des sujets choisis et la haute compétence des auteurs qui les ont traités.*

La Revue des Idées *a, en outre, inauguré un système de notes et analyses qui, loin d'être de simples comptes-rendus, forment une série de véritables articles critiques. Qu'on nous permette d'insister sur ce fait que tous les articles, jusqu'aux moindres notes anonymes, sont dus à des spécialistes, à des hommes notoirement compétents, à des hommes de laboratoire pour les questions scientifiques.*

ARTICLES PUBLIÉS PAR LA REVUE DES IDÉES

EN 1904 ET 1905

Paléontologie

A. Ménegaux, du Muséum : L'Okapi, avec 2 figures hors texte (n° 23).

Botanique

Noel Bernard, professeur à la Faculté des Sciences de Caen: Maladies parasitaires et évolution des végétaux: histoire des orchidées, avec 6 figures (n° 19).
Louis Blaringhem, de l'Ecole Normale : La Notion d'espèce, application aux progrès de l'agriculture et de l'industrie des notions nouvelles de l'espèce, avec 8 figures (n° 17) ;
— L'Origine des espèces, avec 1 figure (n° 23).

Ethnographie

A. van Gennep : Le Mécanisme du tabou (n° 5).

Anthropologie

J. Deniker, bibliothécaire du Muséum : Les Races en Europe.

Géologie

L. Laloy, de la Faculté de Médecine de Paris : Glaciers et période glaciaire (n° 8).

Archéologie

J. de Morgan, délégué général en Perse du ministère de l'Instruction publique : les Recherches archéologiques, leur but et leurs procédés (n°s 20, 22 et 23).
Georges Rivière : Les Etapes de l'archéologie orientale (n° 8) ;
— Le Code de Hammourabi et la société babylonienne (n° 14).

Sciences religieuses

Maurice Vernes, directeur d'études à l'Ecole des Hautes Etudes : La Valeur scientifique de l'œuvre de Renan (n° 1).
Edouard Dujardin : Etudes historiques et critiques sur le judaïsme (n°s 4, 7, 11, 16 et 21).

Sciences militaires

Général Bonnal, ancien directeur de l'Ecole supérieure de guerre : La Psychologie militaire de Bazaine pendant la guerre de 1870 (n° 2) ;
— La Manœuvre de Magenta, avec 8 cartes (n°s 9-11).
L. C. : Premiers enseignements de la guerre russo-japonaise (n° 5).
*** L'armement actuel de l'artillerie de campagne, avec 2 figures (n° 23).

Sociologie

Cornélissen : L'Application des mathématiques aux sciences sociales (n° 12) ;
— L'Etat actuel de la science économique (n° 21).
Georges Palante : Deux Points de vue en sociologie (n° 3) ;
— Sur quelles Valeurs s'appuyer pour fonder une sociologie (n° 15).
Paul Verdier : Une Corporation au vingtième siècle, les bouchers de Limoges (n° 18).

Philologie

Antoine Thomas, de l'Institut, directeur d'études à l'Ecole des Hautes Etudes : La Langue française au moyen âge (n°s 5-6).
Sylvain Lévi, professeur au Collège de France : La Transformation des études sanscrites au cours du XIXe siècle (n° 12).

Histoire littéraire et philosophique

Remy de Gourmont : François Bacon et Joseph de Maistre (n° 1) ;
— La Simplification de l'orthographe, examen du rapport de M. Paul Meyer (n° 13).
Paul Lafargue : Les Mythes historiques : le mythe de Prométhée (n° 12).
Jacques Morland : Le Comte de Gobineau (n° 6).

Droit

F. Larnaude, professeur à la Faculté de Droit : La Séparation des pouvoirs et la justice en France et aux Etats-Unis (n° 17).

et une quantité de notes et analyses de quelques-uns des mêmes auteurs et de MM. Paul Abric, de la Sorbonne, Edmond Barthélemy, Joseph Barthélemy, Paul Cavaillon, Lucien Corpechot, Max Dairaux, Delaporte, de Mlles Anna Drzewina, du Muséum, et M. Goldsmith, de MM. L. Hallion, du Collège de France, A. Joxe, Henri Mazel, Messian, Raymond de Passillé, Ch. Perez, professeur à la Faculté des sciences de Bordeaux, et Rouxel.

Poitiers. — Imprimerie de la *Revue des Idées* (Blais et Roy).

www.ingramcontent.com/pod-product-compliance
Lightning Source LLC
LaVergne TN
LVHW010622190726
843502LV00015B/2638